3

X

X

X

3

X

X

X

3

X

X

X

3

X

X

X

3

X

X

X

3

X

X

X

3

X

X

X

3

X

X

X

3

X

X

X

3

X

X

X

3
X
X
X

3

X

X

X

3

X

X

X

3

X

X

X

3

X

X

X

3

X

X

X

3

X

X

X

3

X

X

X

3

X

X

X

3

X

X

X

3

X

X

X

3

X

X

X

3

X

X

X

3

X

X

X

3

X

X

X

3

X

X

X

3

X

X

X

3

X

X

X

3

X

X

X

3

X

X

X

3

X

X

X

3

X

X

X

3

X

X

X

3

X

X

X

3

X

X

X

3

X

X

X

3

X

X

X

3

X

X

X

3

X

X

X

3

X

X

X

3

X

X

X

3

X

X

X

3

X

X

X

3

X

X

X

3
X
X
X

			3			
			X			
			X			
			X			

3

X

X

X

3
X
X
X

3

X

X

X

3

X

X

X

3

X

X

X

3
X
X
X

3

X

X

X

3

X

X

X

3

X

X

X

3

X

X

X

3

X

X

X

3

X

X

X

3
X
X
X

3

X

X

X

3

X

X

X

3

X

X

X

3

X

X

X

3

X

X

X

3

X

X

X

3

X

X

X

3

X

X

X

3

X

X

X

3

X

X

X

3

X

X

X

3

X

X

X

3

X

X

X

3

X

X

X

3

X

X

X

3

X

X

X

3

X

X

X

3

X

X

X

3

X

X

X

3

X

X

X

3

X

X

X

3

X

X

X

3

X

X

X

3

X

X

X

3

X

X

X

3

X

X

X

3
X
X
X

3

X

X

X

3

X

X

X

3

X

X

X

3

X

X

X

3

X

X

X

3

X

X

X

3

X

X

X

3

X

X

X

3

X

X

X

3
X
X
X

3

X

X

X

3

X

X

X

3
X
X
X

3

X

X

X